Impressum
Verlag: BABADADA GmbH, Nedderfeld 112 , 22529 Hamburg
Geschäftsführer / Verlagsleitung: Harald Hof
Druck: Books on Demand GmbH, In de Tarpen 42, 22848 Norderstedt

Imprint
Publisher: BABADADA GmbH, Nedderfeld 112 , 22529 Hamburg, Germany
Managing Director / Publishing direction: Harald Hof
Print: Books on Demand GmbH, In de Tarpen 42, 22848 Norderstedt, Germany

Szkoła
die Schule

Sala lekcyjna
das Klassenzimmer

dzielić
dividieren

186/2

Tablica
die Tafel

Dziedziniec szkolny
der Schulhof

Nauczyciel
der Lehrer

Papier
das Papier

pisać
schreiben

Pisak
der Stift

Biurko
der Schreibtisch

Liniał
das Lineal

Książka
das Buch

Uczeń
die Schüler

Plecak szkolny
....
der Ranzen

Piórnik
....
die Federmappe

Ołówek
....
der Bleistift

Temperówka
....
der Bleistiftanspitzer

Gumka do mazania
....
das Radiergummi

Blok rysunkowy
....
der Zeichenblock

Rysunek

die Zeichnung

Pędzel

der Pinsel

Pudełko z akwarelami

der Malkasten

Nożyce

die Schere

Klej

der Klebstoff

Książka do ćwiczenia

das Übungsheft

Zadanie domowe

die Hausaufgabe

12

Liczba

die Zahl

2+2

dodawać

addieren

5-2

odejmować

subtrahieren

2×2

mnożyć

multiplizieren

liczyć

rechnen

A

Litera

der Buchstabe

ABCDEFG HIJKLMN OPQRSTU VWXYZ

Alfabet

das Alphabet

Słowo

das Wort

Tekst

der Text

czytać

lesen

Kreda

die Kreide

Godzina

die Stunde

Dziennik lekcyjny

das Klassenbuch

Egzamin

die Prüfung

Świadectwo

das Zeugnis

Mundurek szkolny

die Schuluniform

Wykształcenie

die Ausbildung

Leksykon

das Lexikon

Uniwersytet

die Universität

Mikroskop

das Mikroskop

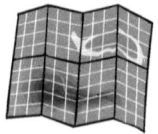

Mapa

die Karte

Kosz na odpadki

der Papierkorb

Podróż
die Reise

Hotel
das Hotel
Grand
Schronisko
die Herberge
ROOMS
Kantor wymiany walut
die Wechselstube
Walizka
der Koffer
Auto
das Auto

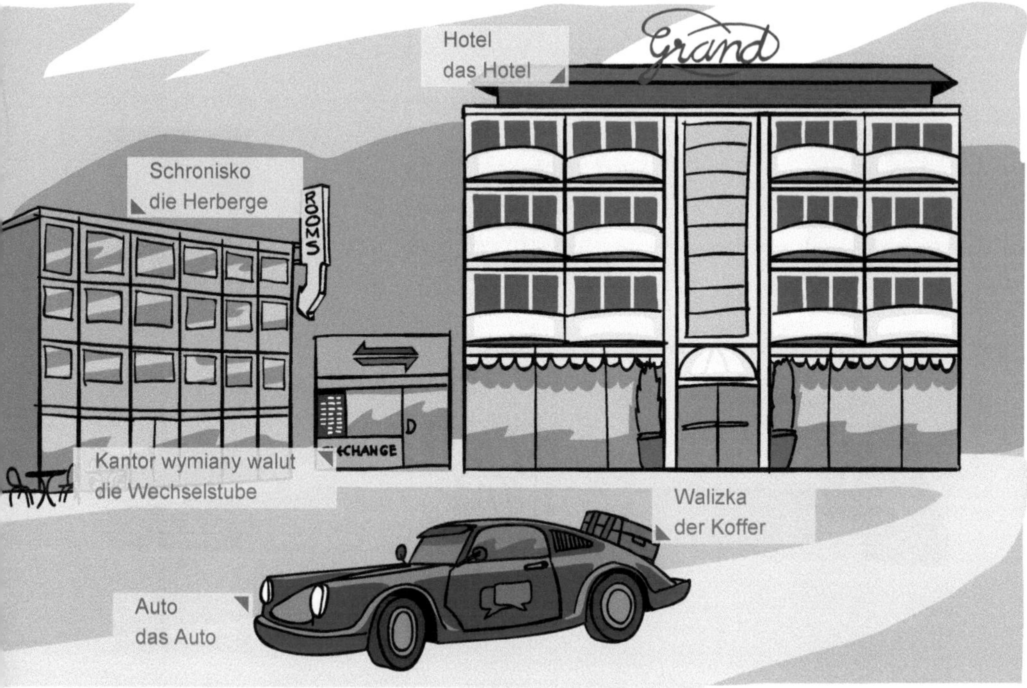

Język

die Sprache

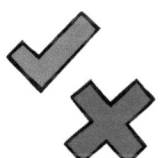

tak / nie

ja / nein

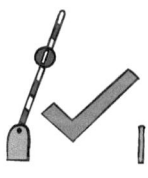

OK

Okay

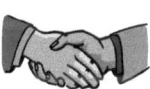

Halo

Hallo

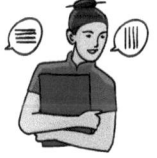

Tłumacz

der Übersetzer

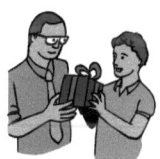

Dziękuję

Danke

Ile kosztuje ...?

Was kostet...?

Nie rozumiem

Ich verstehe nicht

Problem

das Problem

Dobry wieczór!

Guten Abend!

Dzień dobry!

Guten Morgen!

Dobranoc!

Gute Nacht!

Do widzenia

Auf Wiedersehen

Kierunek

die Richtung

Bagaż

das Gepäck

Torba

die Tasche

Plecak

der Rucksack

Gość

der Gast

Pokój

das Zimmer

Śpiwór

der Schlafsack

Namiot

das Zelt

Informacja turystyczna

die Touristeninformation

Plaża

der Strand

Karta kredytowa

die Kreditkarte

Śniadanie

das Frühstück

Obiad

das Mittagessen

Kolacja

das Abendessen

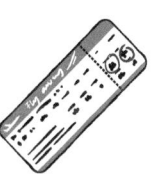

Bilet

die Fahrkarte

Winda

der Fahrstuhl

Znaczek na list

die Briefmarke

Granica

die Grenze

Cło

der Zoll

Ambasada

die Botschaft

Wiza

das Visum

Paszport

der Pass

Transport
der Transport

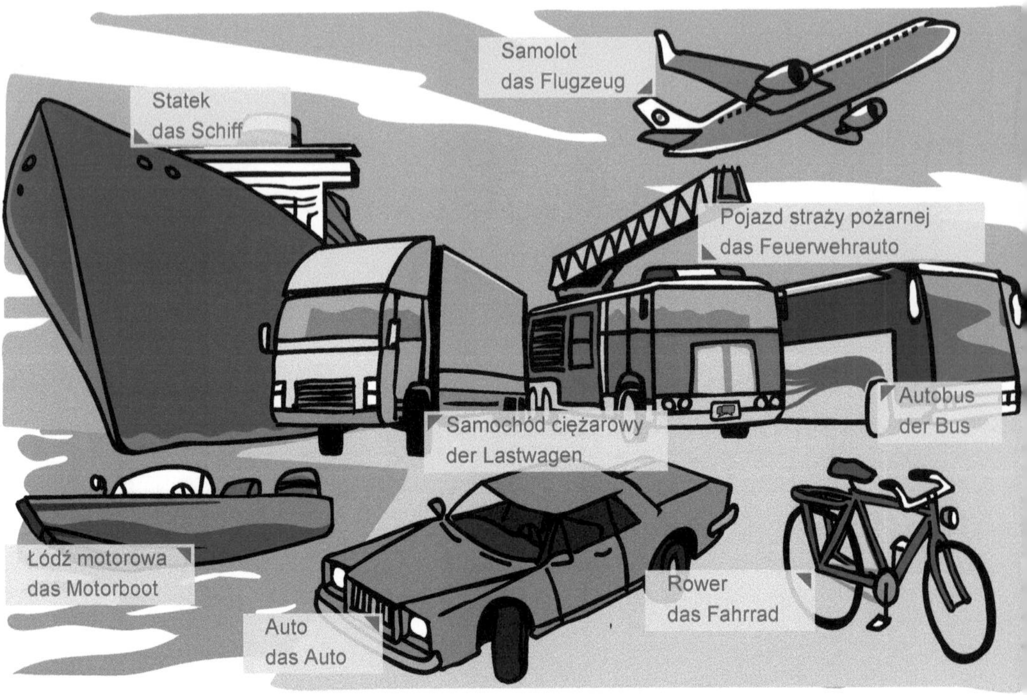

Samolot
das Flugzeug
Statek
das Schiff
Pojazd straży pożarnej
das Feuerwehrauto
Autobus
der Bus
Samochód ciężarowy
der Lastwagen
Łódź motorowa
das Motorboot
Rower
das Fahrrad
Auto
das Auto

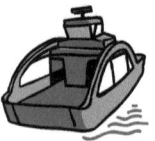

Prom

die Fähre

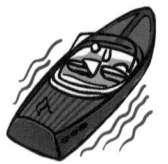

Łódź

das Boot

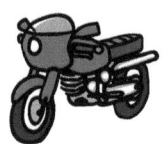

Motocykl

das Motorrad

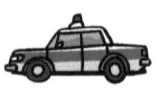

Radiowóz policyjny

das Polizeiauto

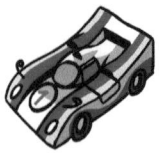

Samochód wyścigowy

das Rennauto

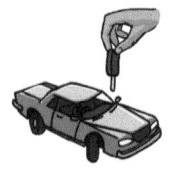

Samochód wypożyczony

der Mietwagen

Wspólne przejazdy
samochodem
das Carsharing

Samochód pomocy
drogowej
der Abschleppwagen

Śmieciarka
das Müllauto

Silnik
der Motor

Benzyna
der Kraftstoff

Stacja benzynowa
die Tankstelle

Znak drogowy
das Verkehrsschild

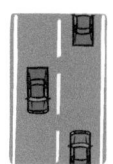

Ruch
der Verkehr

Korek
der Stau

Parking
der Parkplatz

Dworzec
der Bahnhof

Szyny
die Schienen

Pociąg
der Zug

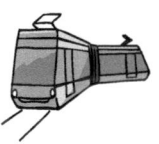

Tramwaj
die Straßenbahn

Wagon
der Wagon

Helikopter

der Helikopter

Lotnisko

der Flughafen

Wieża

der Tower

Pasażer

der Passagier

Kontener

der Container

Karton

der Karton

Taczka

der Karren

Kosz

der Korb

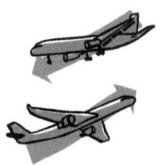

startować / lądować

starten / landen

Miasto

die Stadt

Wieś

das Dorf

Centrum miasta

das Stadtzentrum

Dom

das Haus

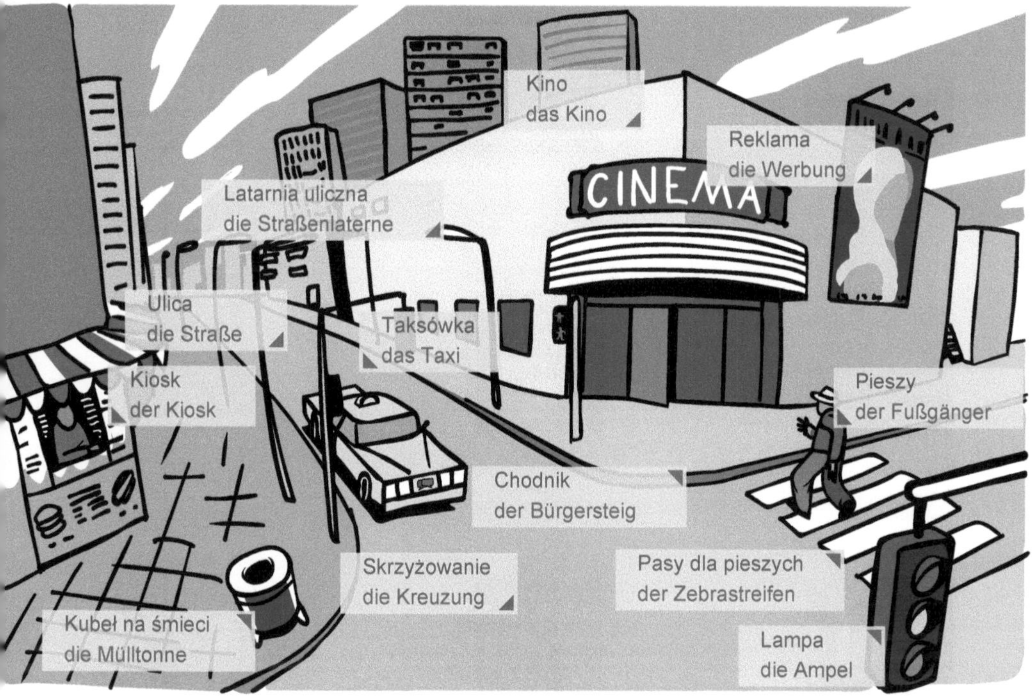
Kino
das Kino
CINEMA
Reklama
die Werbung
Latarnia uliczna
die Straßenlaterne
Ulica
die Straße
Taksówka
das Taxi
Kiosk
der Kiosk
Pieszy
der Fußgänger
Chodnik
der Bürgersteig
Skrzyżowanie
die Kreuzung
Pasy dla pieszych
der Zebrastreifen
Kubeł na śmieci
die Mülltonne
Lampa
die Ampel

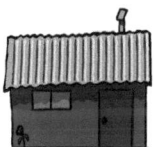

Chata

die Hütte

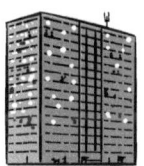

Mieszkanie

die Wohnung

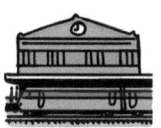

Dworzec

der Bahnhof

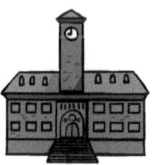

Ratusz

das Rathaus

MUSEUM

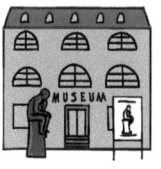

Muzeum

das Museum

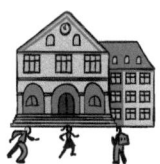

Szkoła

die Schule

Uniwersytet

die Universität

Bank

die Bank

Szpital

das Krankenhaus

Hotel

das Hotel

Apteka

die Apotheke

Biuro

das Büro

Księgarnia

die Buchhandlung

Sklep

das Geschäft

Kwiaciarnia

der Blumenladen

Supermarket

der Supermarkt

Rynek

der Markt

Dom towarowy

das Kaufhaus

Sklep z rybami

der Fischhändler

Centrum handlowe

das Einkaufszentrum

Port

der Hafen

Park

der Park

Ławka

die Bank

Most

die Brücke

Schody

die Treppe

Metro

die U-Bahn

Tunel

der Tunnel

Przystanek autobusowy

die Bushaltestelle

Bar

die Bar

Restauracja

das Restaurant

Skrzynka na listy

der Briefkasten

Tabliczka z nazwą ulicy

das Straßenschild

Parkometr

die Parkuhr

Zoo

der Zoo

Łaźnia

die Badeanstalt

Meczet

die Moschee

Gospodarstwo chłopskie

der Bauernhof

Zanieczyszczenie środowiska

die Umweltverschmutzung

Cmentarz

der Friedhof

Kościół

die Kirche

Plac zabaw

der Spielplatz

Świątynia

der Tempel

Krajobraz
die Landschaft

Liść
das Blatt

Drogowskaz
der Wegweiser

Droga
der Weg

Łąka
die Wiese

Kamień
der Stein

Drzewo
der Baum

Wędrowiec
der Wanderer

Rzeka
der Fluss

Trawa
das Gras

Kwiat
die Blume

Dolina

das Tal

Góra

der Berg

Jezioro

der See

Las

der Wald

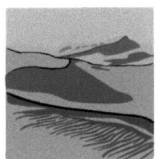

Pustynia

die Wüste

Wulkan

der Vulkan

Zamek

das Schloss

Tęcza

der Regenbogen

Grzyb

der Pilz

Palma

die Palme

Komar

der Moskito

Mucha

die Fliege

Mrówka

die Ameise

Pszczoła

die Biene

Pająk

die Spinne

Chrząszcz

der Käfer

Żaba

der Frosch

Wiewiórka

das Eichhörnchen

Jeż

der Igel

Zając

der Hase

Sowa

die Eule

Ptak

die Vogel

Łabędź

der Schwan

Dzik

das Wildschwein

Jeleń

der Hirsch

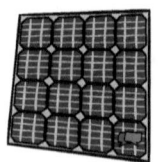

Łoś

der Elch

Tama

der Staudamm

Wiatrak

das Windrad

Moduł solarny

das Solarmodul

Klimat

das Klima

Restauracja
das Restaurant

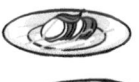

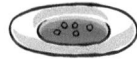

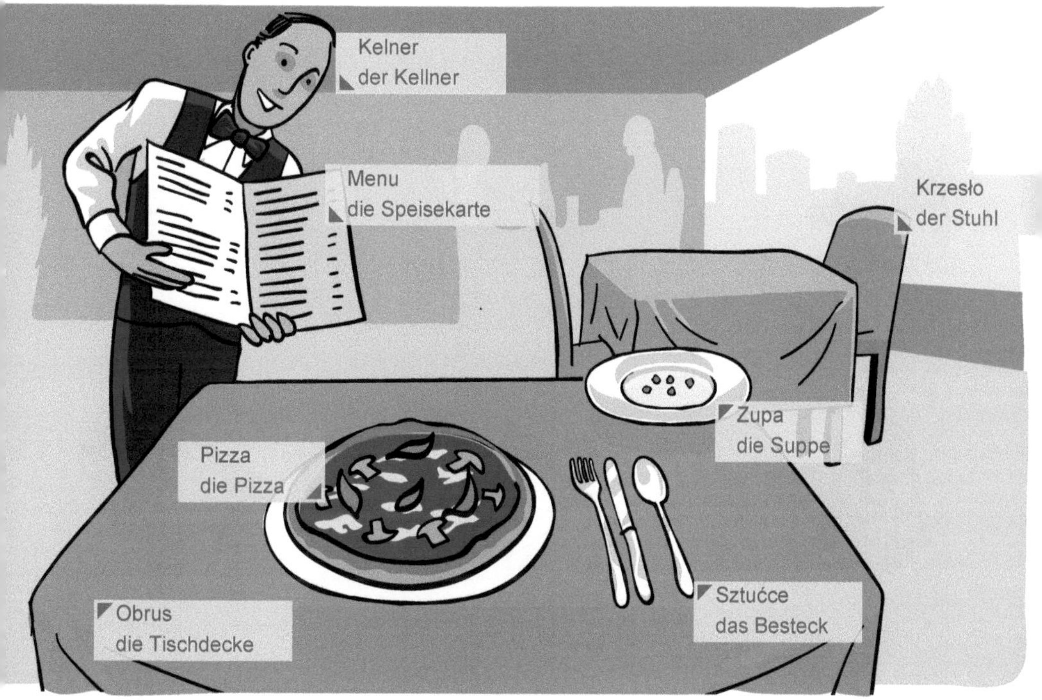
Kelner
der Kellner
Menu
die Speisekarte
Krzesło
der Stuhl
Zupa
die Suppe
Pizza
die Pizza
Obrus
die Tischdecke
Sztućce
das Besteck

Przystawka

die Vorspeise

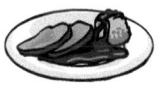

Danie główne

das Hauptgericht

Deser

die Nachspeise

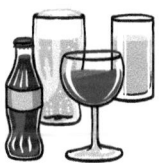

Napoje

die Getränke

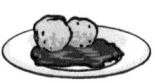

Jedzenie

das Essen

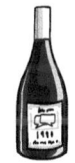

Butelka

die Flasche

Fastfood

das Fastfood

Streetfood

das Streetfood

Dzbanek na herbatę

die Teekanne

Cukierniczka

die Zuckerdose

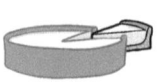

Porcja

die Portion

Zaparzarka do espresso

die Espressomaschine

Krzesło dla dziecka

der Hochstuhl

Rachunek

die Rechnung

Taca

das Tablett

Noż

das Messer

Widelec

die Gabel

Łyżka

der Löffel

Łyżeczka

der Teelöffel

Serwetka

die Serviette

Szklanka

das Glas

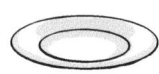

Talerz

der Teller

Talerz do zupy

der Suppenteller

Podstawek pod filiżankę

die Untertasse

Sos

die Sauce

Solniczka

der Salzstreuer

Młynek do pieprzu

die Pfeffermühle

Ocet

der Essig

Olej

das Öl

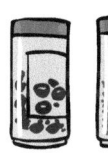

Przyprawy

die Gewürze

Keczup

das Ketchup

Musztarda

der Senf

Majonez

die Mayonnaise

Supermarket
der Supermarkt

Oferta
das Angebot
FOR
Klient
der Kunde
Produkty mleczne
die Milchprodukte
Owoce
das Obst
Wózek sklepowy
der Einkaufswagen

BUTCHERS

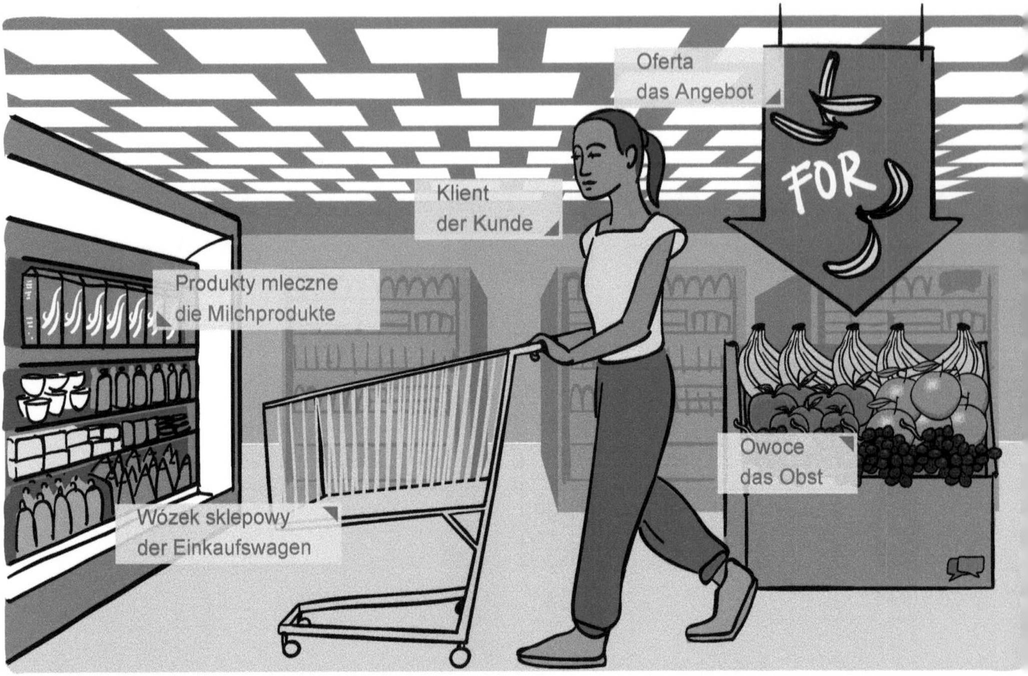

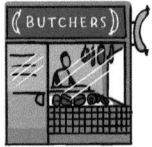

Rzeźnia

die Schlachterei

BAKERY

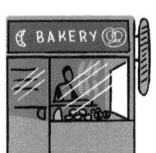

Piekarnia

die Bäckerei

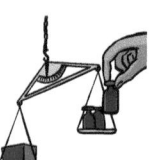

ważyć

wiegen

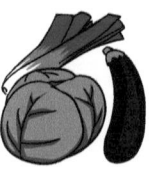

Warzywa

das Gemüse

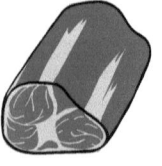

Mięso

das Fleisch

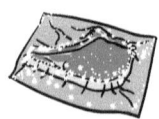

Mrożonki

die Tiefkühlkost

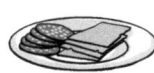

Wędliny

der Aufschnitt

Konserwy

die Konserven

Proszek m do prania

das Waschmittel

Słodycze

die Süßigkeiten

Artykuły użytku domowego

die Haushaltsartikel

Środek czyszczący

das Reinigungsmittel

Sprzedawczyni

die Verkäuferin

Kasa

die Kasse

Kasjer

der Kassierer

Lista zakupów

die Einkaufsliste

Godziny otwarcia

die Öffnungszeiten

Portfel

die Brieftasche

Karta kredytowa

die Kreditkarte

Torba

die Tasche

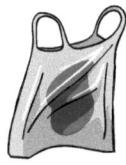

Torebka plastikowa

die Plastiktüte

Woda

das Wasser

Sok

der Saft

Mleko

die Milch

Cola

die Cola

Wino

der Wein

Piwo

das Bier

Alkohol

der Alkohol

Kakao

der Kakao

Herbata

der Tee

Kawa

der Kaffee

Espresso

der Espresso

Cappuccino

der Cappuccino

Banan

die Banane

Jabłko

der Apfel

Pomarańcza

die Orange

Arbuz

die Melone

Cytryna

die Zitrone

Marchew

die Karotte

Czosnek

der Knoblauch

Bambus

der Bambus

Cebula

die Zwiebel

Grzyb

der Pilz

Orzechy

die Nüsse

Makaron

die Nudeln

Spaghetti

die Spaghetti

Ryż

der Reis

Sałatka

der Salat

Frytki

die Pommes frites

Ziemniaki pieczone

die Bratkartoffeln

Pizza

die Pizza

Hamburger

der Hamburger

Kanapka

das Sandwich

Sznycel

das Schnitzel

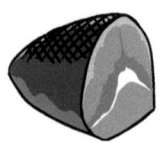

Szynka

der Schinken

Salami

die Salami

Kiełbasa

die Wurst

Kura

das Huhn

Pieczeń

der Braten

Ryba

der Fisch

Płatki owsiane

die Haferflocken

Musli

das Müsli

Płatki kukurydziane

die Cornflakes

Mąka

das Mehl

Croissant

das Croissant

Bułka

das Brötchen

Chleb

das Brot

Toast

der Toast

Ciastka

die Kekse

Masło

die Butter

Twarożek

der Quark

Ciasto

der Kuchen

Jajko

das Ei

Jajko sadzone

das Spiegelei

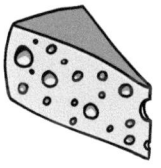

Ser

der Käse

Lody

die Eiscreme

Cukier

der Zucker

Miód

der Honig

Marmolada

die Marmelade

Krem nugatowy

die Nougat-Creme

Curry

das Curry

Gospodarstwo chłopskie
der Bauernhof

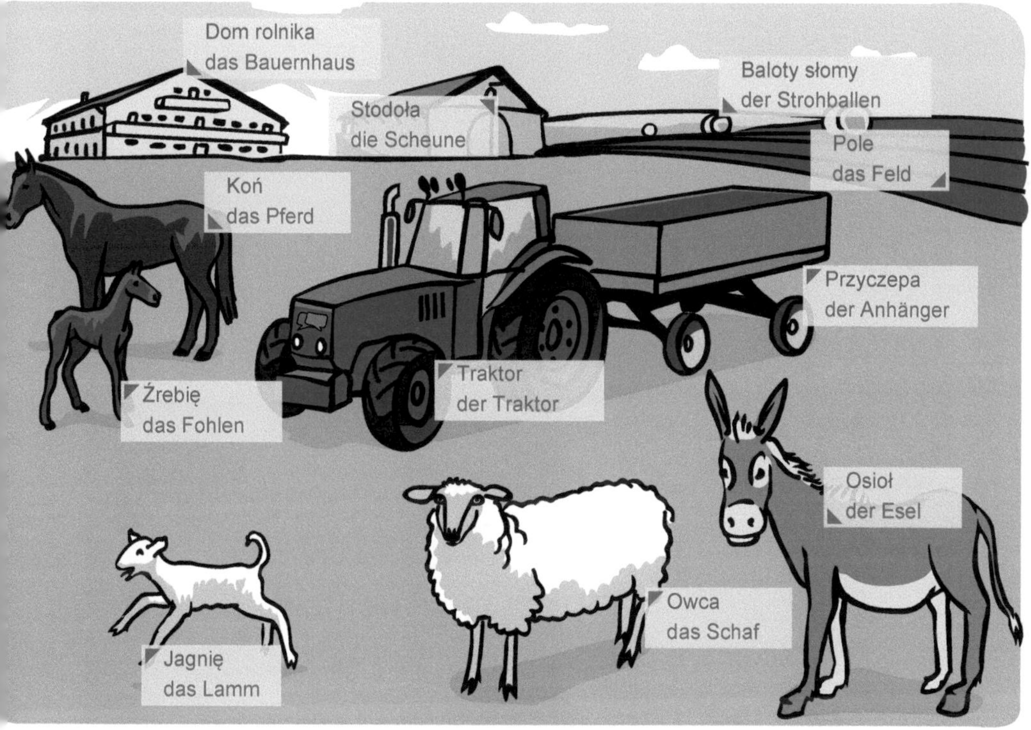

Dom rolnika
das Bauernhaus
Stodoła
die Scheune
Baloty słomy
der Strohballen
Pole
das Feld
Koń
das Pferd
Przyczepa
der Anhänger
Traktor
der Traktor
Źrebię
das Fohlen
Osioł
der Esel
Owca
das Schaf
Jagnię
das Lamm

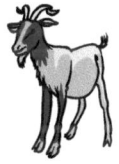

Koza
die Ziege

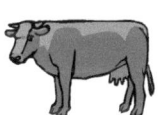

Krowa
die Kuh

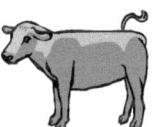

Cielę
das Kalb

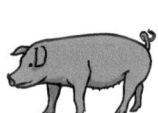

Świnia
das Schwein

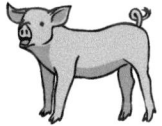

Prosię
das Ferkel

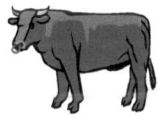

Byk
der Bulle

Gęś
die Gans

Kaczka
die Ente

Kurczątko
das Küken

Kura
das Huhn

Kogut
der Hahn

Szczur
die Ratte

Kot
die Katze

Mysz
die Maus

Osioł
der Ochse

Pies
der Hund

Buda dla psa
die Hundehütte

Wąż ogrodowy
der Gartenschlauch

Konewka
die Gießkanne

Kosa
die Sense

Pług
der Pflug

Sierp

die Sichel

Graca

die Hacke

Widły

die Mistgabel

Siekiera

die Axt

Taczka

die Schubkarre

Koryto

der Trog

Kanka na mleko

die Milchkanne

Worek

der Sack

Płot

der Zaun

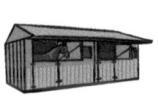

Stajnia

der Stall

Szklarnia

das Treibhaus

Ziemia

der Boden

Nasiona

die Saat

Nawóz

der Dünger

Kombajn zbożowy

der Mähdrescher

zbierać

ernten

Żniwa

die Ernte

Podchrzyn

die Yamswurzel

Pszenica

der Weizen

Soja

das Soja

Ziemniak

die Kartoffel

Kukurydza

der Mais

Rzepak

der Raps

Drzewo owocowe

der Obstbaum

Maniok

der Maniok

Zboże

das Getreide

Dom
das Haus

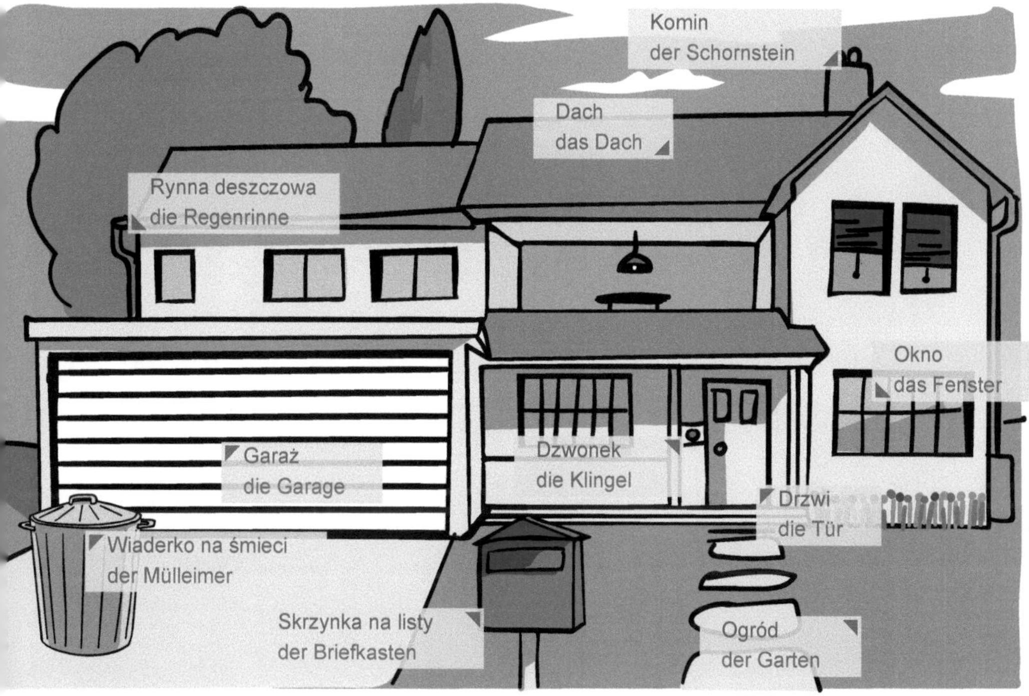

Komin
der Schornstein
Dach
das Dach
Rynna deszczowa
die Regenrinne
Okno
das Fenster
Garaż
die Garage
Dzwonek
die Klingel
Drzwi
die Tür
Wiaderko na śmieci
der Mülleimer
Skrzynka na listy
der Briefkasten
Ogród
der Garten

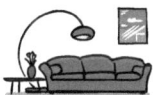

Pokój dzienny
das Wohnzimmer

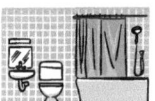

Łazienka
das Badezimmer

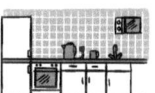

Kuchnia
die Küche

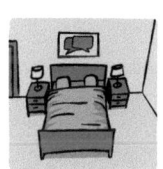

Sypialnia
das Schlafzimmer

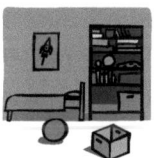

Pokój dziecięcy
das Kinderzimmer

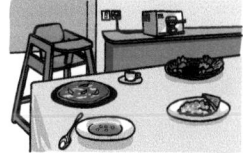

Jadalnia
das Esszimmer

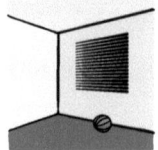

Ziemia

der Boden

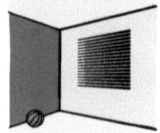

Ściana

die Wand

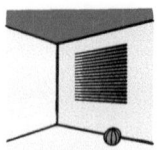

Koc

die Decke

Piwnica

der Keller

Sauna

die Sauna

Balkon

der Balkon

Taras

die Terrasse

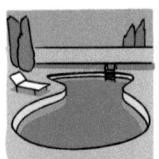

Basen

das Schwimmbad

Kosiarka do trawy

der Rasenmäher

Poszwa

der Bettbezug

Kołdra

die Bettdecke

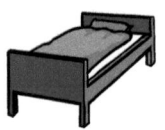

Łóżko

das Bett

Miotła

der Besen

Wiadro

der Eimer

Włącznik

der Schalter

Pokój dzienny
das Wohnzimmer

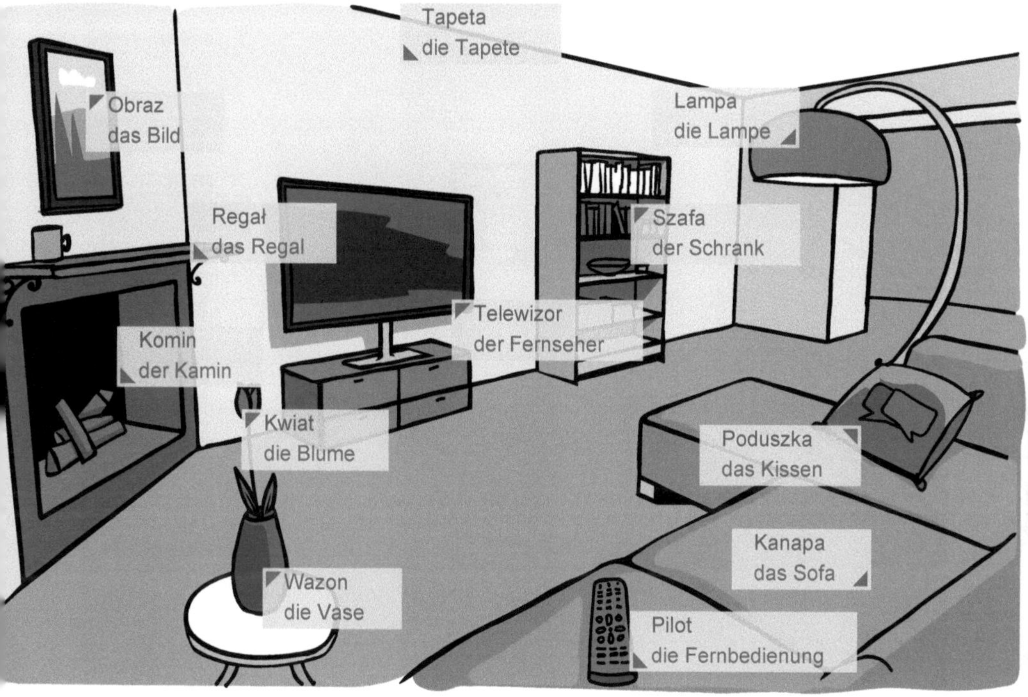

Tapeta
die Tapete
Obraz
das Bild
Lampa
die Lampe
Regał
das Regal
Szafa
der Schrank
Telewizor
der Fernseher
Komin
der Kamin
Kwiat
die Blume
Poduszka
das Kissen
Kanapa
das Sofa
Wazon
die Vase
Pilot
die Fernbedienung

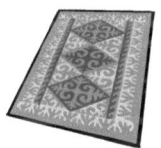

Dywan
....
der Teppich

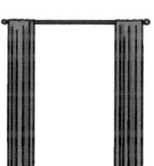

Zasłona
....
der Vorhang

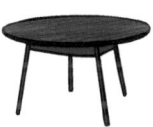

Stół
....
der Tisch

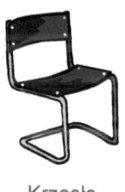

Krzesło
....
der Stuhl

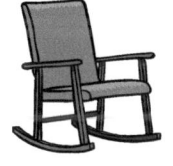

Bujak
....
der Schaukelstuhl

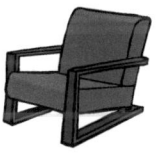

Fotel
....
der Sessel

Książka

das Buch

Sufit

die Decke

Dekoracja

die Dekoration

Drewno kominkowe

das Feuerholz

Film

der Film

Instalacja stereo

die Stereoanlage

Klucz

der Schlüssel

Gazeta

die Zeitung

Malunek

das Gemälde

Plakat

das Poster

Radio

das Radio

Notatnik

der Notizblock

Odkurzacz

der Staubsauger

Kaktus

der Kaktus

Świeczka

die Kerze

Kuchnia
die Küche

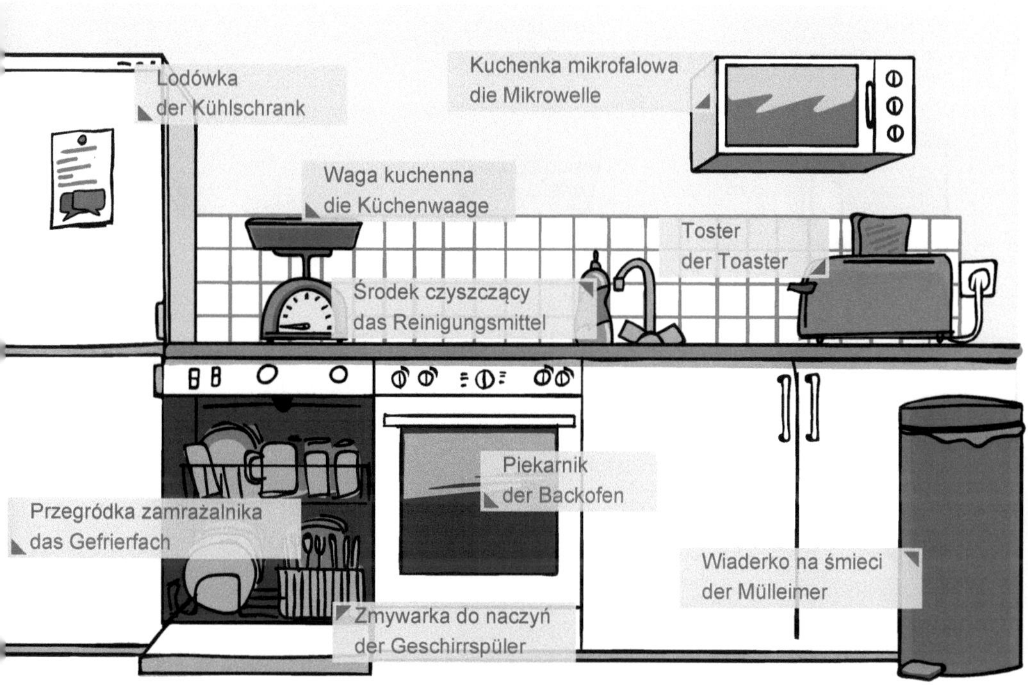

Lodówka
der Kühlschrank
Kuchenka mikrofalowa
die Mikrowelle
Waga kuchenna
die Küchenwaage
Toster
der Toaster
Środek czyszczący
das Reinigungsmittel
Piekarnik
der Backofen
Przegródka zamrażalnika
das Gefrierfach
Wiaderko na śmieci
der Mülleimer
Zmywarka do naczyń
der Geschirrspüler

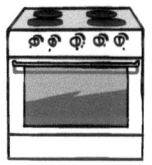

Kuchenka

der Herd

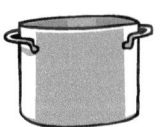

Garnek

der Topf

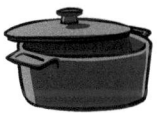

Kocioł żeliwny

der Eisentopf

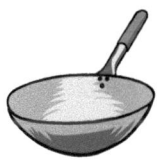

Wok / Kadai

der Wok / Kadai

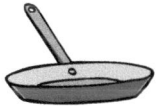

Patelnia

die Pfanne

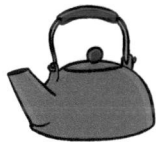

Czajnik

der Wasserkocher

Parowar

der Dampfgarer

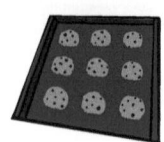

Blacha do pieczenia

das Backblech

Naczynia kuchenne

das Geschirr

Kubek

der Becher

Miska

die Schale

Pałeczki

die Essstäbchen

Nabierka

die Suppenkelle

Łopatka do smażenia

der Pfannenwender

Trzepaczka do śmietany

der Schneebesen

Cedzak

das Kochsieb

Sitko

das Sieb

Tarka

die Reibe

Moździerz

der Mörser

Grillowanie

der Grill

Palenisko

die Feuerstelle

Deska

das Schneidebrett

Wałek do ciasta

das Nudelholz

Korkociąg

der Korkenzieher

Puszka

die Dose

Otwieracz do puszek

der Dosenöffner

Ściereczka do trzymania garnka

der Topflappen

Umywalka

das Waschbecken

Szczotka

die Bürste

Gąbka

der Schwamm

Mikser

der Mixer

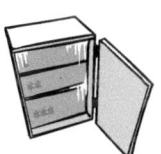

Zamrażarka

die Gefriertruhe

Butelka dla niemowlęcia

die Babyflasche

Kran

der Wasserhahn

Łazienka

das Badezimmer

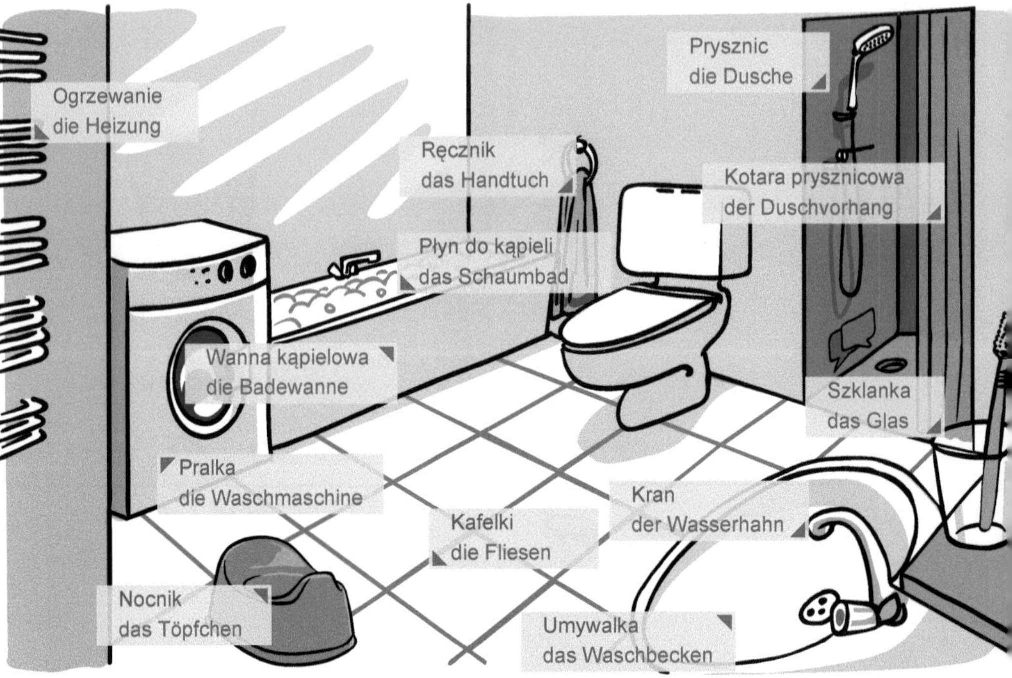

Ogrzewanie
die Heizung

Prysznic
die Dusche

Ręcznik
das Handtuch

Kotara prysznicowa
der Duschvorhang

Płyn do kąpieli
das Schaumbad

Wanna kąpielowa
die Badewanne

Szklanka
das Glas

Pralka
die Waschmaschine

Kran
der Wasserhahn

Kafelki
die Fliesen

Nocnik
das Töpfchen

Umywalka
das Waschbecken

Toaleta

die Toilette

Toaleta kuczna

die Hocktoilette

Bidet

das Bidet

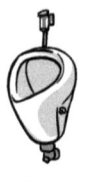

Pisuar

das Pissoir

Papier toaletowy

das Toilettenpapier

Szczotka toaletowa

die Toilettenbürste

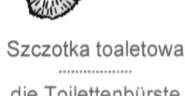

Szczoteczka do zębów

die Zahnbürste

Pasta do zębów

die Zahnpasta

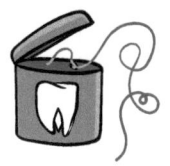

Nitki do czyszczenia zębów

die Zahnseide

myć

waschen

Głowica prysznicowa

die Handbrause

Płyn kąpielowy do higieny intymnej

die Intimdusche

Miska do mycia

die Waschschüssel

Szczotka kąpielowa

die Rückenbürste

Mydło

die Seife

Żel prysznicowy

das Duschgel

Szampon

das Shampoo

Rękawica kąpielowa

der Waschlappen

Odpływ

der Abfluss

Krem

die Creme

Dezodorant

das Deodorant

Lustro

der Spiegel

Lustro kosmetyczne

der Kosmetikspiegel

Golarka

der Rasierer

Pianka do golenia

der Rasierschaum

Woda po goleniu

das Rasierwasser

Grzebień

der Kamm

Szczotka

die Bürste

Suszarka do włosów

der Föhn

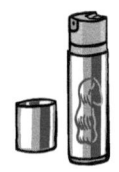

Spray do włosów

das Haarspray

Makijaż

das Makeup

Pomadka

der Lippenstift

Lakier do paznokci

der Nagellack

Wata

die Watte

Nożyczki do paznokci

die Nagelschere

Perfum

das Parfum

Kosmetyczka

der Kulturbeutel

Taboret

der Hocker

Waga

die Waage

Szlafrok kąpielowy

der Bademantel

Rękawice gumowe

die Gummihandschuhe

Tampon

das Tampon

Podpaska damska

die Damenbinde

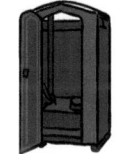

Toaleta chemiczna

die Chemietoilette

Pokój dziecięcy
das Kinderzimmer

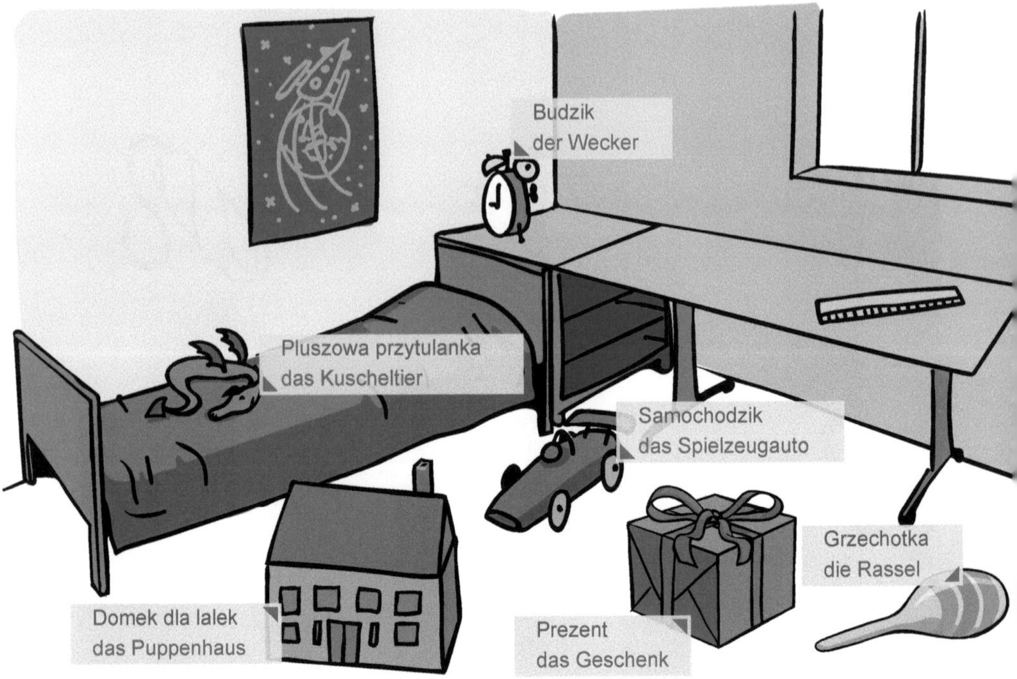

Budzik
der Wecker
Pluszowa przytulanka
das Kuscheltier
Samochodzik
das Spielzeugauto
Grzechotka
die Rassel
Domek dla lalek
das Puppenhaus
Prezent
das Geschenk

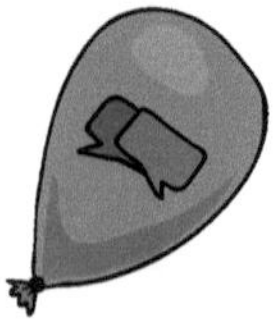

Balon
der Ballon

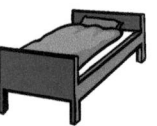

Łóżko
das Bett

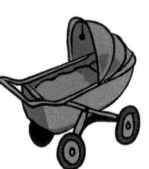

Wózek dziecięcy
der Kinderwagen

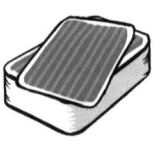

Gra w karty
das Kartenspiel

Puzzle
das Puzzle

SUPER
MEGA

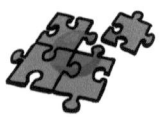

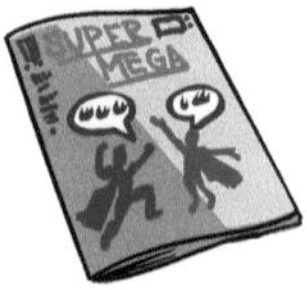

Komiks
der Comic

Klocki lego

die Legosteine

Klocki

die Bausteine

Action figura

die Action Figur

Śpioszek dziecięcy

der Strampelanzug

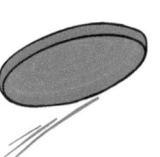

Frisbee

das Frisbee

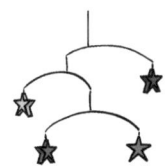

Zabawki ruchome

das Mobile

Gra planszowa

das Brettspiel

Kości

der Würfel

Kolejka elektryczna

die Modelleisenbahn

Smoczek

der Schnuller

Przyjęcie

die Party

Książka z ilustracjami

das Bilderbuch

Piłka

der Ball

Lalka

die Puppe

bawić się

spielen

Piaskownica

der Sandkasten

Huśtawka

die Schaukel

Zabawki

das Spielzeug

Konsola do gier

die Spielkonsole

Rowerek trójkołowy

das Dreirad

Pluszowy miś

der Teddy

Szafa ubraniowa

der Kleiderschrank

Ubiór

die Kleidung

Skarpety

die Socken

Pończochy

die Strümpfe

Rajstopy

die Strumpfhose

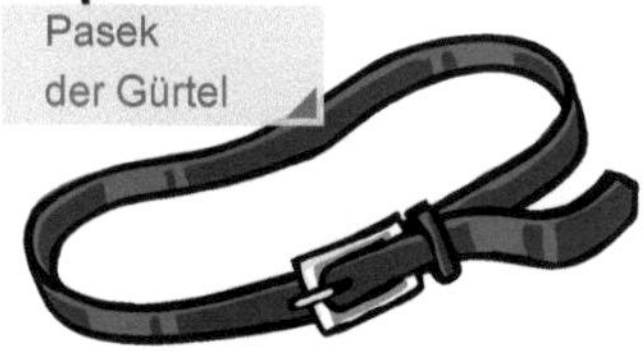

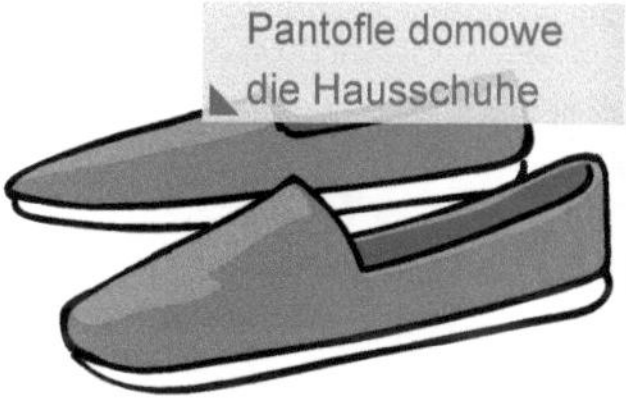

Szal
der Schal

Parasol
der Regenschirm

Pasek
der Gürtel

T-Shirt
das T-Shirt

Kozaki
der Stiefel

Pantofle domowe
die Hausschuhe

Obuwie sportowe
die Turnschuhe

Sandały

die Sandalen

Buty

die Schuhe

Kalosze

die Gummistiefel

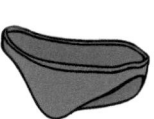

Majtki

die Unterhose

Biustonosz

der Büstenhalter

Podkoszulek

das Unterhemd

Body

der Body

Spodnie

die Hose

Dżins

die Jeans

Spódnica

der Rock

Bluzka

die Bluse

Koszula

das Hemd

Pulower

der Pullover

Bluza sportowa

der Kapuzenpullover

Marynarka

der Blazer

Kurtka

die Jacke

Płaszcz

der Mantel

Płaszcz przeciwdeszczowy

der Regenmantel

Kostium

das Kostüm

Sukienka

das Kleid

Suknia ślubna

das Hochzeitskleid

Garnitur męski

der Anzug

Koszula nocna

das Nachthemd

Piżama

der Schlafanzug

Sari

der Sari

Chusta na głowę

das Kopftuch

Turban

der Turban

Burka

die Burka

Kaftan

der Kaftan

Abaya

die Abaya

Strój kąpielowy

der Badeanzug

Kąpielówki

die Badehose

Krótkie spodnie

die kurze Hose

Dres sportowy

der Trainingsanzug

Fartuch

die Schürze

Rękawiczki

die Handschuhe

Guzik

der Knopf

Okulary

die Brille

Bransoletka

das Armband

Łańcuszek

die Halskette

Pierścionek

der Ring

Kolczyk

der Ohrring

Czapka

die Mütze

Wieszak

der Kleiderbügel

Kapelusz

der Hut

Krawat

die Krawatte

Zamek błyskawiczny

der Reißverschluss

Kask

der Helm

Szelki

der Hosenträger

Mundurek szkolny

die Schuluniform

Mundur

die Uniform

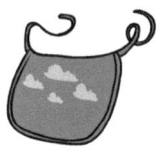

Śliniaczek

das Lätzchen

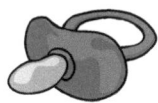

Smoczek

der Schnuller

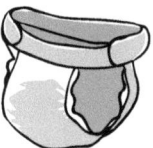

Pieluszka

die Windel

Biuro
das Büro

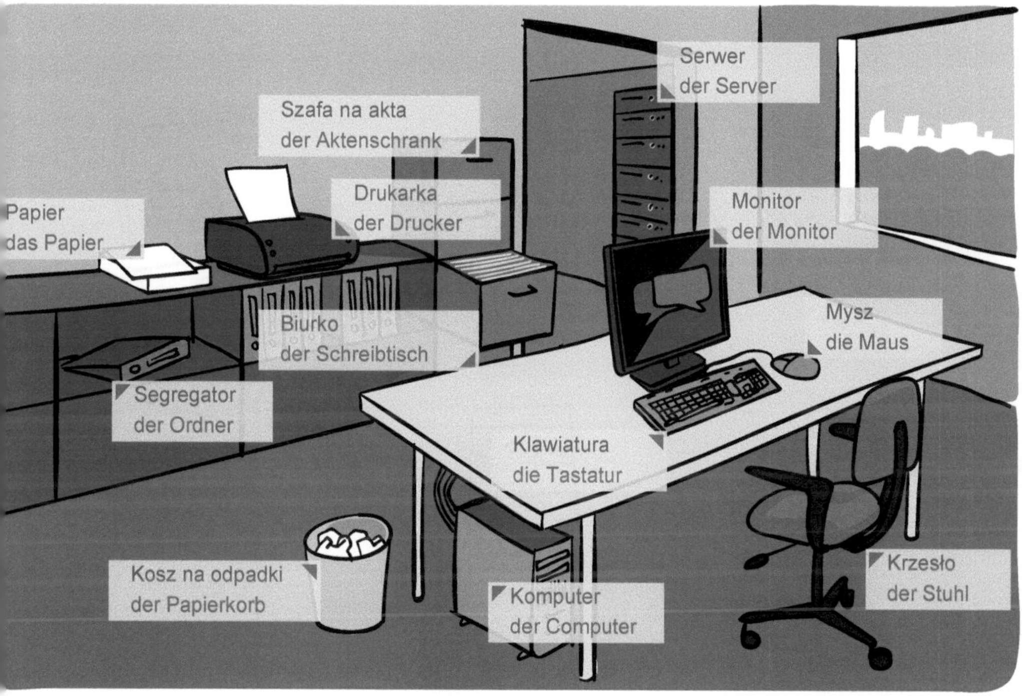

Serwer
der Server
Szafa na akta
der Aktenschrank
Drukarka
der Drucker
Papier
das Papier
Monitor
der Monitor
Biurko
der Schreibtisch
Mysz
die Maus
Segregator
der Ordner
Klawiatura
die Tastatur
Kosz na odpadki
der Papierkorb
Komputer
der Computer
Krzesło
der Stuhl

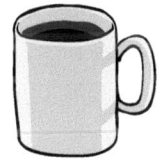

Filiżanka do kawy

der Kaffeebecher

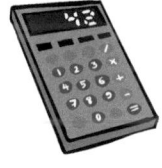

Kalkulator

der Taschenrechner

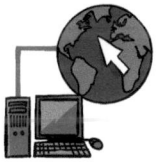

Internet

das Internet

Laptop

der Laptop

List

der Brief

Wiadomość

die Nachricht

Komórka

das Handy

Sieć

das Netzwerk

Kopiarka

der Kopierer

Oprogramowanie

die Software

Telefon

das Telefon

Gniazdko

die Steckdose

Faks

das Fax

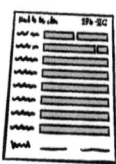

Formularz

das Formular

Dokument

das Dokument

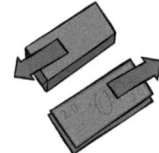

kupić
....
kaufen

płacić
....
bezahlen

postępować
....
handeln

Pieniądze
....
das Geld

Dolar
....
der Dollar

Euro
....
der Euro

Jen
....
der Yen

Rubel
....
der Rubel

Frank
....
der Franken

Juan Renminbi
....
der Renminbi Yuan

Rupia
....
die Rupie

Bankomat
....
der Geldautomat

Kantor wymiany walut

die Wechselstube

Złoto

das Gold

Srebro

das Silber

Olej

das Öl

Energia

die Energie

Cena

der Preis

Umowa

der Vertrag

Podatek

die Steuer

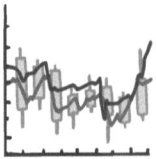

Akcja

die Aktie

pracować

arbeiten

Pracownik umysłowy

der Angestellte

Pracodawca

der Arbeitgeber

Fabryka

die Fabrik

Sklep

das Geschäft

Zawody
die Berufe

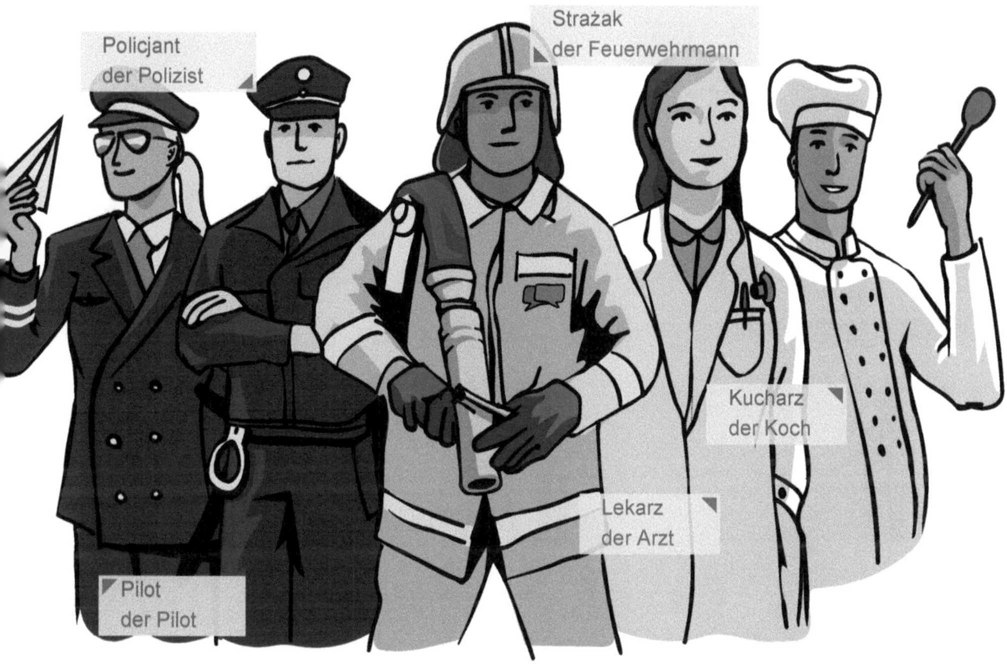
Strażak
der Feuerwehrmann
Policjant
der Polizist
Kucharz
der Koch
Lekarz
der Arzt
Pilot
der Pilot

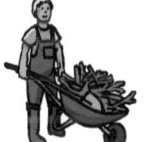

Ogrodnik

der Gärtner

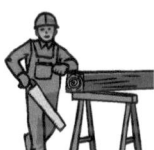

Stolarz

der Tischler

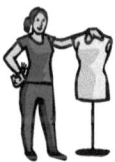

Krawcowa

die Näherin

Sędzia

der Richter

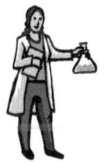

Chemik

der Chemiker

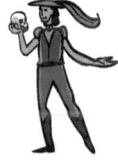

Aktor

der Schauspieler

Kierowca autobusu

der Busfahrer

Taksówkarz

der Taxifahrer

Fischer

der Fischer

Sprzątaczka

die Putzfrau

Dekarz

der Dachdecker

Kelner

der Kellner

Myśliwy

der Jäger

Malarz

der Maler

Piekarz

der Bäcker

Elektryk

der Elektriker

Robotnik budowlany

der Bauarbeiter

Inżynier

der Ingenieur

Rzeźnik

der Schlachter

Instalator

der Klempner

Listonosz

der Postbote

Żołnierz
der Soldat

Architekt
der Architekt

Kasjer
der Kassierer

Florysta
der Florist

Fryzjer
der Friseur

Konduktor
der Schaffner

Mechanik
der Mechaniker

Kapitan
der Kapitän

Dentysta
der Zahnarzt

Naukowiec
der Wissenschaftler

Rabin
der Rabbi

Imam
der Imam

Mnich
der Mönch

Proboszcz
der Geistliche

Zawody - die Berufe

Narzędzia

die Werkzeuge

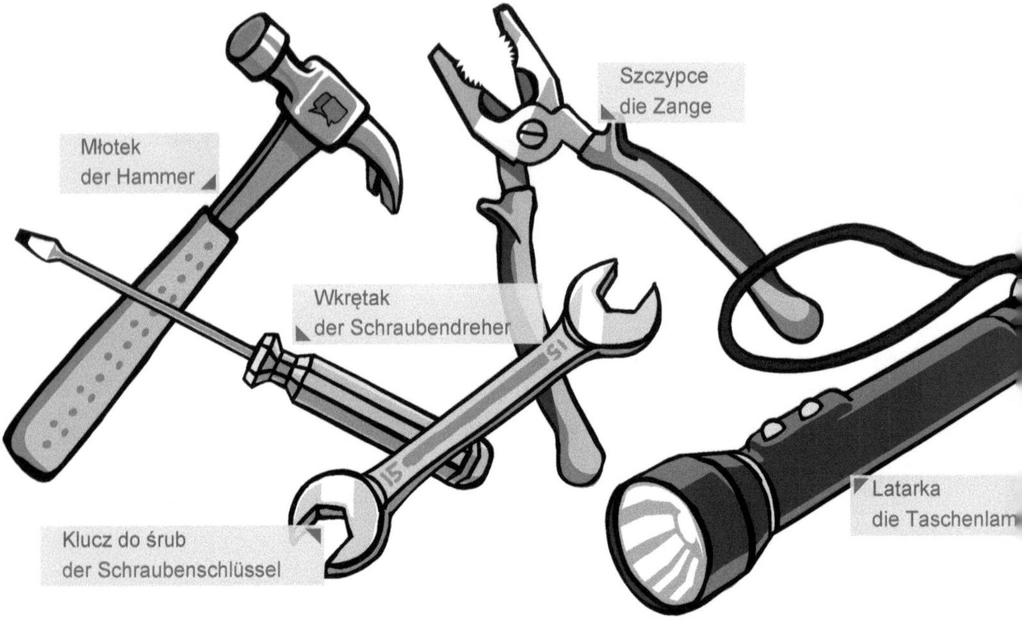
Młotek
der Hammer
Szczypce
die Zange
Wkrętak
der Schraubendreher
Latarka
die Taschenlam
Klucz do śrub
der Schraubenschlüssel

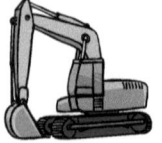

Koparka
der Bagger

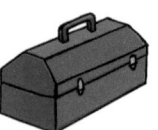

Skrzynka narzędziowa
der Werkzeugkasten

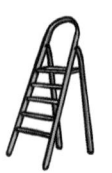

Drabina
die Leiter

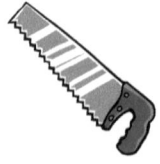

Piła
die Säge

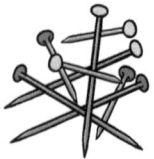

Gwoździe
die Nägel

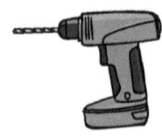

Wiertło
der Bohrer

naprawić
....
reparieren

Łopatka
....
die Schaufel

Cholera!
....
Mist!

Szufelka
....
das Kehrblech

Puszka z farbą
....
der Farbtopf

Śruby
....
die Schrauben

Instrumenty muzyczne
die Musikinstrumente

Głośnik
der Lautsprecher

Perkusja
das Schlagzeug

Gitara
die Gitarre

Kontrabas
der Kontrabass

Trąbka
die Trompete

Pianino

das Klavier

Skrzypce

die Violine

Bas

der Bass

Kotły

die Pauke

Bęben

die Trommeln

Keyboard

das Keyboard

Saksofon

das Saxophon

Flet

die Flöte

Mikrofon

das Mikrofon

Zoo
der Zoo

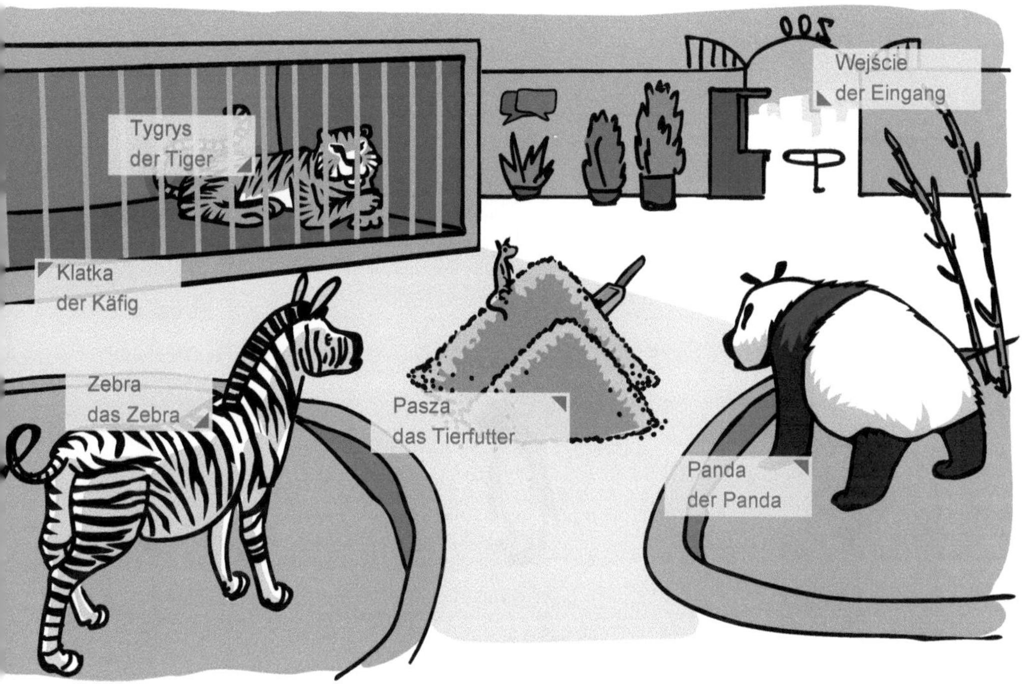
Tygrys
der Tiger
Wejście
der Eingang
Klatka
der Käfig
Zebra
das Zebra
Pasza
das Tierfutter
Panda
der Panda

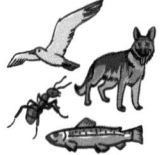

Zwierzęta

die Tiere

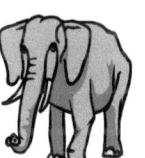

Słoń

der Elefant

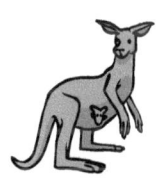

Kangur

das Känguruh

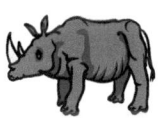

Nosorożec

das Nashorn

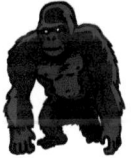

Goryl

der Gorilla

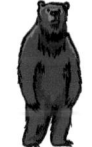

Niedźwiedź

der Bär

Wielbłąd

das Kamel

Struś

der Strauß

Lew

der Löwe

Małpa

der Affe

Fleming

der Flamingo

Papuga

der Papagei

Niedźwiedź polarny

der Eisbär

Pingwin

der Pinguin

Rekin

der Hai

Paw

der Pfau

Wąż

die Schlange

Krokodyl

das Krokodil

Dozorca w zoo

der Zoowärter

Foka

die Robbe

Jaguar

der Jaguar

Kucyk

das Pony

Gepard

der Leopard

Hipopotam

das Nilpferd

Żyrafa

die Giraffe

Orzeł

der Adler

Dzik

das Wildschwein

Ryba

der Fisch

Żółw

die Schildkröte

Mors

das Walross

Lis

der Fuchs

Gazela

die Gazelle

Futbol amerykański
das American Football

Kolarstwo
das Radfahren

Tenis
das Tennis

Koszykówka
der Basketball

Pływanie
das Schwimmen

Boks
das Boxen

Hokej na lodzie
das Eishockey

Piłka nożna
der Fußball

Badminton
das Badminton

Lekka atletyka
die Leichtathletik

Piłka ręczna
der Handball

Narciarstwo
das Skilaufen

Polo
das Polo

Działania
die Aktivitäten

skakać
springen
objąć
umarmen
śmiać się
lachen
iść
gehen
śpiewać
singen
marzyć
träumen
modlić się
beten
całować
küssen

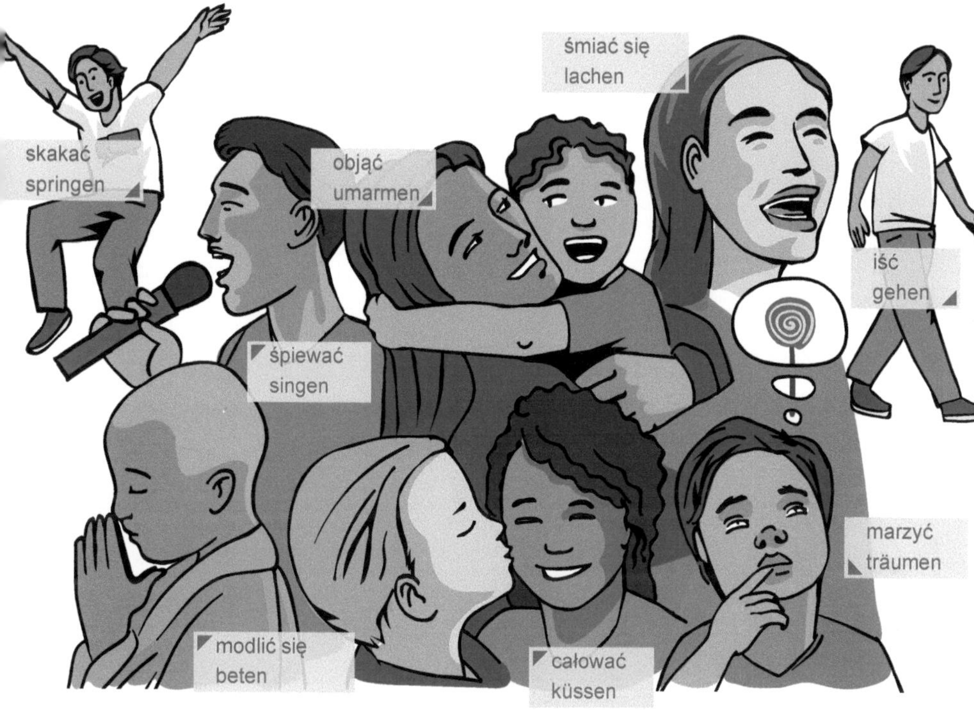

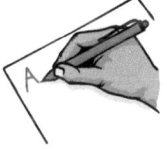

pisać

schreiben

rysować

zeichnen

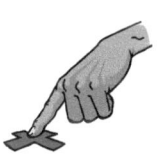

pokazywać

zeigen

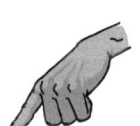

nacisnąć

drücken

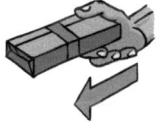

dać

geben

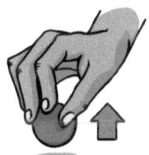

wziąć

nehmen

mieć
haben

robić
tun

być
sein

stać
stehen

biegać
laufen

ciągnąć
ziehen

rzucać
werfen

spaść
fallen

leżeć
liegen

czekać
warten

nosić
tragen

siedzieć
sitzen

zakładać
anziehen

spać
schlafen

budzić się
aufwachen

spojrzeć

ansehen

płakać

weinen

głaskać

streicheln

czesać się

kämmen

mówić

reden

rozumieć

verstehen

pytać

fragen

słyszeć

hören

pić

trinken

jeść

essen

sprzątać

aufräumen

kochać

lieben

gotować

kochen

jechać

fahren

latać

fliegen

żeglować

segeln

liczyć

rechnen

czytać

lesen

uczyć się

lernen

pracować

arbeiten

wejść w związek małżeński

heiraten

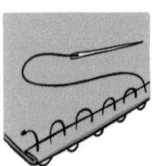

szyć

nähen

myć zęby

Zähne putzen

zabić

töten

palić tytoń

rauchen

wysłać

senden

Rodzina
die Familie

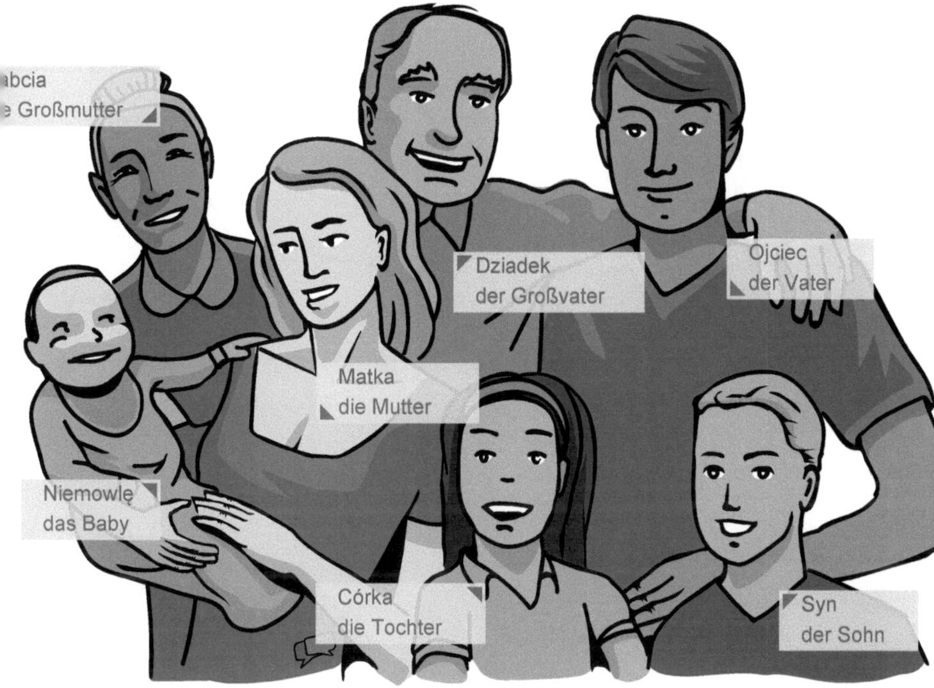
abcia
Großmutter
Dziadek
der Großvater
Ojciec
der Vater
Matka
die Mutter
Niemowlę
das Baby
Córka
die Tochter
Syn
der Sohn

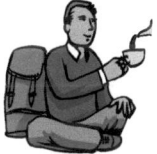

Gość
der Gast

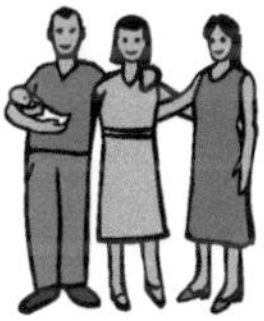

Ciotka
die Tante

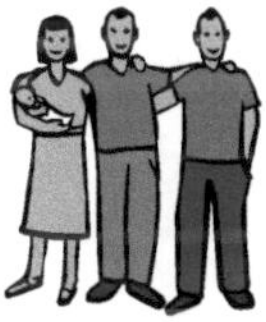

Wujek
der Onkel

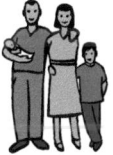

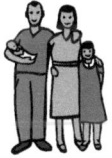

Brat
der Bruder

Siostra
die Schwester

Ciało

der Körper

Czoło
die Stirn
Oko
das Auge
Twarz
das Gesicht
Broda
das Kinn
Palec
der Finger
Ręka
die Hand
Ramię
die Schulter
Noga
das Bein
Pierś
die Brust
Ramię
der Arm

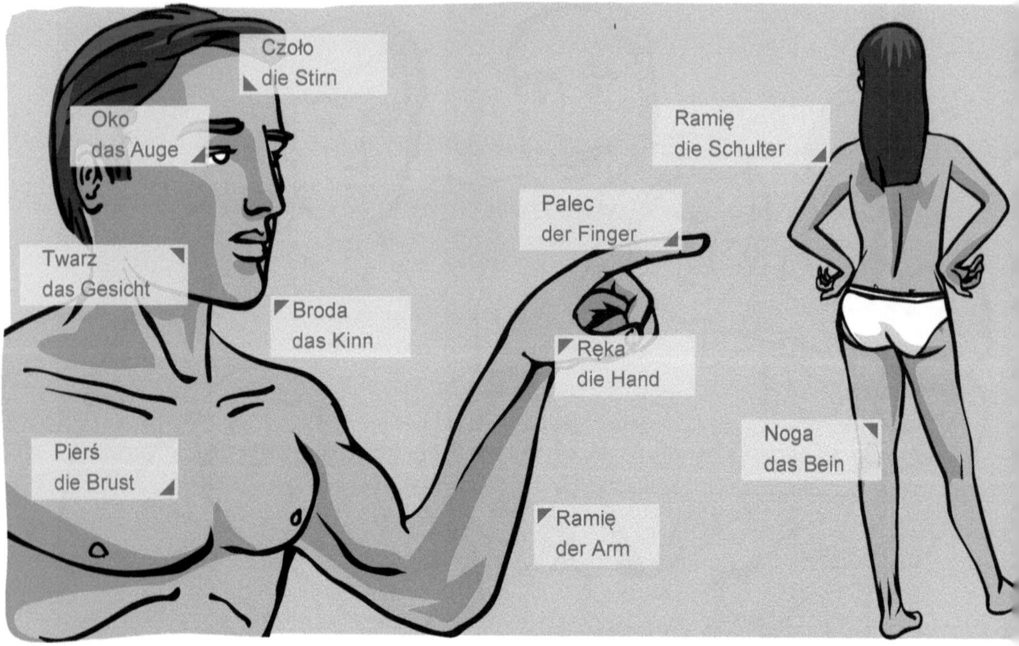

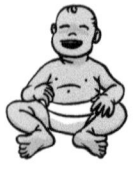

Niemowlę

das Baby

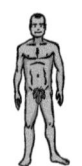

Mężczyzna

der Mann

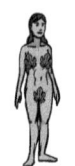

Kobieta

die Frau

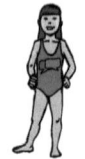

Dziewczyna

das Mädchen

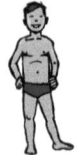

Chłopiec

der Junge

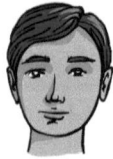

Głowa

der Kopf

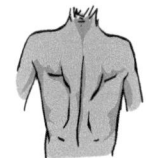

Plecy

der Rücken

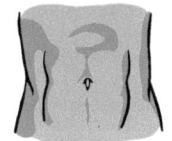

Brzuch

der Bauch

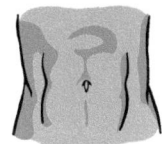

Pępek

der Nabel

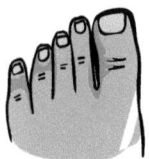

palec nogi

der Zeh

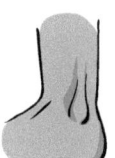

Pięta

die Ferse

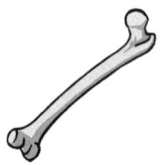

Kość

der Knochen

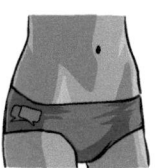

Biodro

die Hüfte

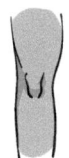

Kolano

das Knie

Łokieć

der Ellenbogen

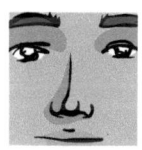

Nos

die Nase

Pośladki

das Gesäß

Skóra

die Haut

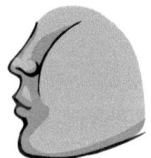

Policzek

die Wange

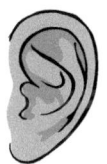

Uszy

das Ohr

Warga

die Lippe

Ciało - der Körper　　69

Usta

der Mund

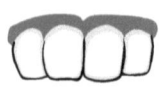

Ząb

der Zahn

Język

die Zunge

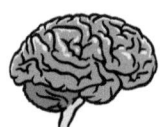

Mózg

das Gehirn

Serce

das Herz

Mięsień

der Muskel

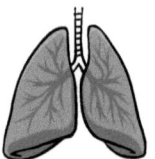

Płuca

die Lunge

Wątroba

die Leber

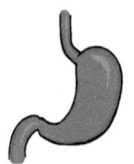

Żołądek

der Magen

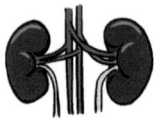

Nerki

die Nieren

Stosunek płciowy

der Geschlechtsverkehr

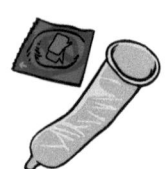

Kondom

das Kondom

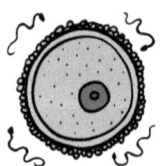

Komórka jajowa

die Eizelle

Sperma

das Sperma

Ciąża

die Schwangerschaft

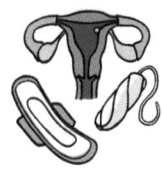

Menstruacja

die Menstruation

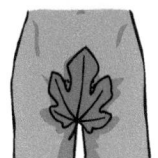

Wagina

die Vagina

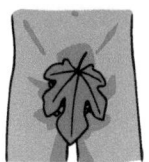

Penis

der Penis

Brew

die Augenbraue

Włosy

das Haar

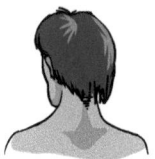

Szyja

der Hals

Szpital
das Krankenhaus

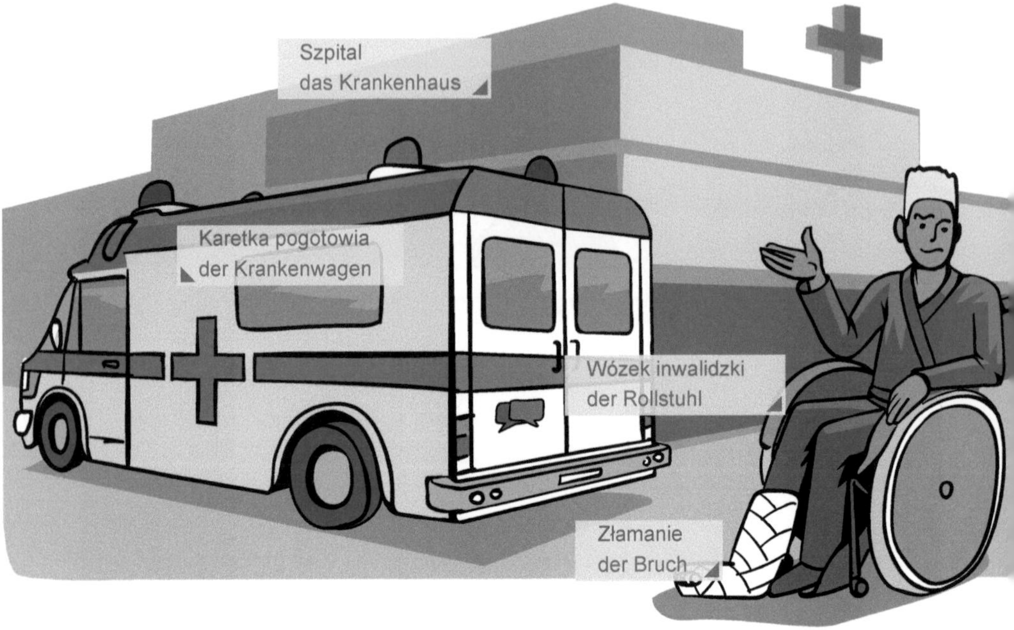

Szpital
das Krankenhaus
Karetka pogotowia
der Krankenwagen
Wózek inwalidzki
der Rollstuhl
Złamanie
der Bruch

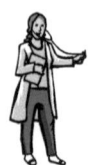

Lekarz
der Arzt

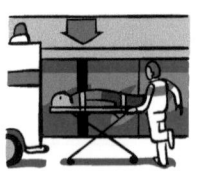

Izba przyjęć
die Notaufnahme

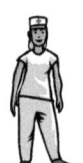

Pielęgniarka
die Krankenschwester

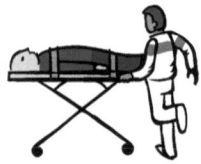

Nagły przypadek
der Notfall

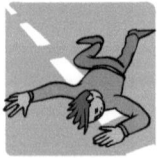

nieprzytomny
ohnmächtig

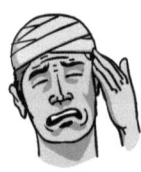

Ból
der Schmerz

Skaleczenie

die Verletzung

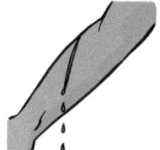

Krwawienie

die Blutung

Zawał serca

der Herzinfarkt

Udar mózgu

der Schlaganfall

Alergia

die Allergie

Kaszleć

der Husten

Gorączka

das Fieber

Grypa

die Grippe

Biegunka

der Durchfall

Ból głowy

die Kopfschmerzen

Rak

der Krebs

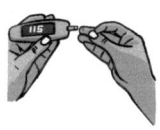

Cukrzyca

die Diabetis

Chirurg

der Chirurg

Skalpel

das Skalpell

Operacja

die Operation

CT
das CT

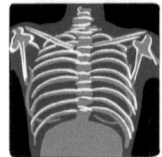

Rentgen
das Röntgen

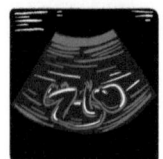

Ultradźwięki
das Ultraschall

Maska
die Maske

Choroba
die Krankheit

Poczekalnia
das Wartezimmer

Kula
die Krücke

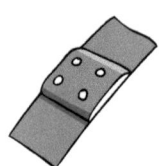

Plaster
das Pflaster

Opatrunek
der Verband

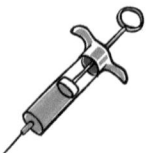

Iniekcja
die Injektion

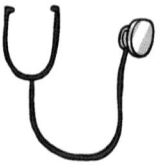

Stetoskop
das Stethoskop

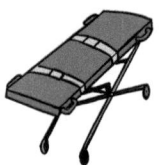

Nosze
die Trage

Termometr
das Thermometer

Poród
die Geburt

Nadwaga
das Übergewicht

Aparat słuchowy

das Hörgerät

Środek dezynfekcyjny

das Desinfektionsmittel

Infekcja

die Infektion

Wirus

das Virus

HIV / AIDS

das HIV / AIDS

Medycyna

die Medizin

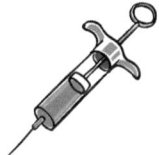

Szczepienie

die Impfung

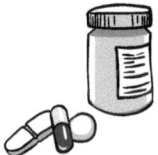

Tabletki

die Tabletten

Pigułka

die Pille

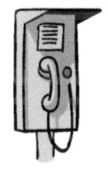

Telefon ratunkowy

der Notruf

Ciśnieniomierz krwi

das Blutdruck-Messgerät

chory / zdrowy

krank / gesund

Pomocy!

Hilfe!

Alarm

der Alarm

Napad

der Überfall

Atak

der Angriff

Niebezpieczeństwo

die Gefahr

Wyjście awaryjne

der Notausgang

Pożar!

Feuer!

Gaśnica

der Feuerlöscher

Wypadek

der Unfall

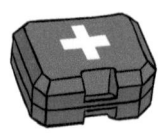

Walizeczka pierwszej pomocy

der Erste-Hilfe-Koffer

SOS

SOS

Policja

die Polizei

Europa

das Europa

Ameryka Północna

das Nordamerika

Ameryka Południowa

das Südamerika

Afryka

das Afrika

Azja

das Asien

Australia

das Australien

Atlantyk

der Atlantik

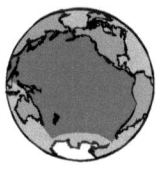

Pacyfik

der Pazifik

Ocean Indyjski

der Indische Ozean

Ocean Antarktyczny

der Antarktische Ozean

Ocean Arktyczny

der Arktische Ozean

Biegun północny

der Nordpol

Biegun południowy

der Südpol

Antarktyda

die Antarktis

Ziemia

die Erde

Kraj

das Land

Morze

das Meer

Wyspa

die Insel

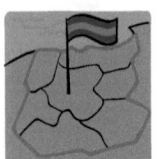

Naród

die Nation

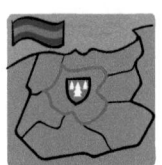

Państwo

der Staat

Cyferblat

das Zifferblatt

Wskazówka godzinowa

der Stundenzeiger

Wskazówka minutowa

der Minutenzeiger

Wskazówka sekundowa

der Sekundenzeiger

Która godzina?

Wie spät ist es?

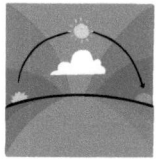

Dzień

der Tag

Czas

die Zeit

teraz

jetzt

Zegarek digitalny

die Digitaluhr

Minuta

die Minute

Godzina

die Stunde

Tydzień
die Woche

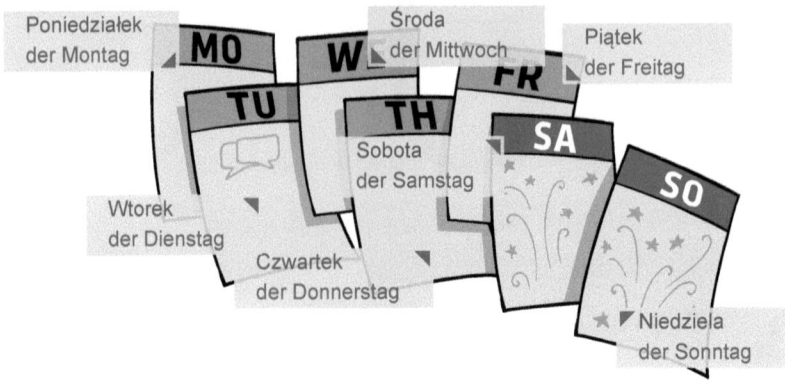

Poniedziałek
der Montag

Środa
der Mittwoch

Piątek
der Freitag

Wtorek
der Dienstag

Sobota
der Samstag

Czwartek
der Donnerstag

Niedziela
der Sonntag

wczoraj

gestern

dzisiaj

heute

jutro

morgen

Rano

der Morgen

Południe

der Mittag

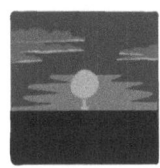

Wieczór

der Abend

MO	TU	WE	TH	FR	SA	SU
1	2	3	4	5	6	7
8	9	10	11	12	13	14
15	16	17	18	19	20	21
22	23	24	25	26	27	28
29	30	31	1	2	3	4

Dni robocze

die Arbeitstage

MO	TU	WE	TH	FR	SA	SU
1	2	3	4	5	6	7
8	9	10	11	12	13	14
15	16	17	18	19	20	21
22	23	24	25	26	27	28
29	30	31	1	2	3	4

Weekend

das Wochenende

Rok
das Jahr

Deszcz
der Regen
Tęcza
der Regenbogen
Śnieg
der Schnee
Wiatr
der Wind
Wiosna
der Frühling
Jesień
der Herbst
Lato
der Sommer
Zima
der Winter

4.APRIL 11°
5.APRIL 4°
6.APRIL 13°
7.APRIL 8°
8.APRIL 10°

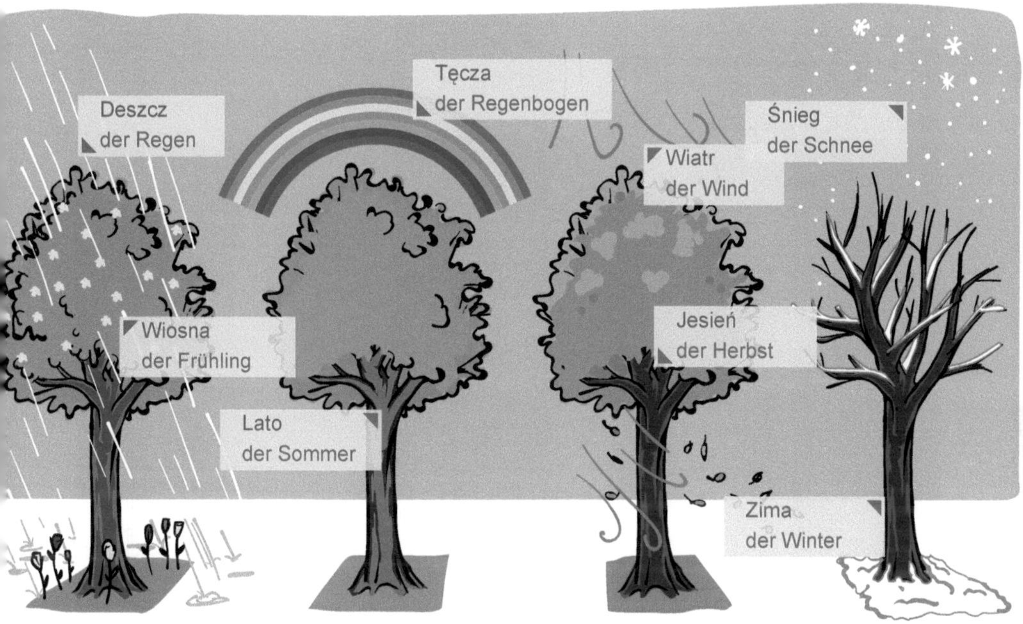

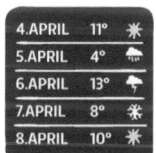

Prognoza pogody

die Wettervorhersage

F
C
120
90
60
30
0
-30
40
30
20
10
0
-10
-20

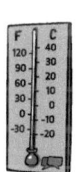

Termometr

das Thermometer

Światło słoneczne

der Sonnenschein

Chmura

die Wolke

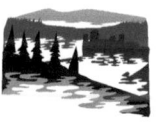

Mgła

der Nebel

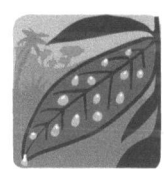

Wilgotność powietrza

die Luftfeuchtigkeit

Błyskawica

der Blitz

Grzmot

der Donner

Sztorm

der Sturm

Grad

der Hagel

Monsun

der Monsun

Potop

die Flut

Lód

das Eis

Styczeń

der Januar

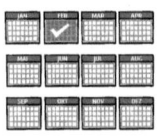

Luty

der Februar

Marzec

der März

Kwiecień

der April

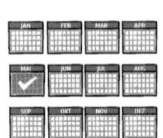

Maj

der Mai

Czerwiec

der Juni

Lipiec

der Juli

Sierpień

der August

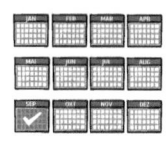

Wrzesień
....
der September

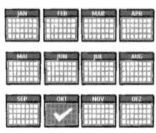

Październik
....
der Oktober

Listopad
....
der November

Grudzień
....
der Dezember

Kształty
die Formen

Koło
....
der Kreis

Kwadrat
....
das Quadrat

Prostokąt
....
das Rechteck

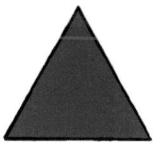

Trójkąt
....
das Dreieck

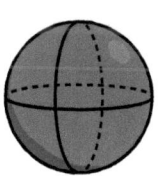

Kula
....
die Kugel

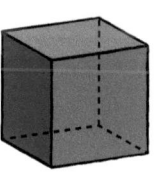

Sześcian
....
der Würfel

Kolory
die Farben

biały

weiß

żółty

gelb

pomarańczowy

orange

różowy

pink

czerwony

rot

liliowy

lila

niebieski

blau

zielony

grün

brązowy

braun

szary

grau

czarny

schwarz

dużo / mało

viel / wenig

wściekły / spokojny

wütend / friedlich

piękny / brzydki

hübsch / hässlich

początek / koniec

der Anfang / das Ende

duży / mały

groß / klein

jasny / ciemny

hell / dunkel

brat / siostra

er Bruder / die Schwester

czysty / brudny

sauber / schmutzig

kompletny / niekompletny

vollständig / unvollständig

dzień / noc

der Tag / die Nacht

umarły / żywy

tot / lebendig

szeroki / wąski

breit / schmal

jadalny / niejadalny

genießbar / ungenießbar

zły / uprzejmy

böse / freundlich

podniecony / znudzony

aufgeregt / gelangweilt

gruby / chudy

dick / dünn

najpierw / na końcu

zuerst / zuletzt

przyjaciel / wróg

der Freund / der Feind

pełen / pusty

voll / leer

twardy / miękki

hart / weich

ciężki / lekki

schwer / leicht

głód / pragnienie

der Hunger / der Durst

chory / zdrowy

krank / gesund

nielegalny / legalny

illegal / legal

inteligentny / głupi

intelligent / dumm

lewo / prawo

links / rechts

bliski / daleki

nah / fern

nowy / używany

neu / gebraucht

nic / coś

nichts / etwas

stary / młody

alt / jung

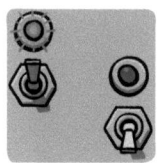

włącz / wyłącz

an / aus

otwarty / zamknięty

offen / geschlossen

cichy / głośny

leise / laut

bogaty / biedny

reich / arm

prawidłowy / błędny

richtig / falsch

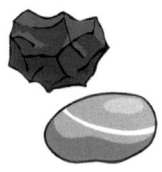

chropowaty / gładki

rau / glatt

smutny / szczęśliwy

traurig / glücklich

krótki / długi

kurz / lang

powolny / szybki

langsam / schnell

mokry/suchy

nass / trocken

ciepły / chłodny

warm / kühl

wojna / pokój

der Krieg / der Frieden

Liczby

die Zahlen

0	**1**	**2**
zero	jeden	dwa
null	eins	zwei
3	**4**	**5**
trzy	cztery	pięć
drei	vier	fünf
6	**7**	**8**
sześć	siedem	osiem
sechs	sieben	acht
9	**10**	**11**
dziewięć	dziesięć	jedenaście
neun	zehn	elf

12

dwanaście
zwölf

13

trzynaście
dreizehn

14

czternaście
vierzehn

15

piętnaście
fünfzehn

16

szesnaście
sechzehn

17

siedemnaście
siebzehn

18

osiemnaście
achtzehn

19

dziewiętnaście
neunzehn

20

dwadzieścia
zwanzig

100

sto
hundert

1.000

tysiąc
tausend

1.000.000

milion
million

Angielski

Englisch

Angielski amerykański

Amerikanisches Englisch

Chiński mandaryński

Chinesisch Mandarin

Hindi

Hindi

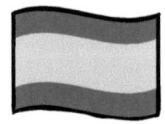

Hiszpański

Spanisch

Francuski

Französisch

Arabski

Arabisch

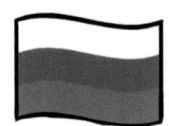

Rosyjski

Russisch

Portugalski

Portugiesisch

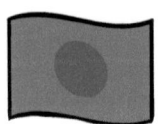

Bengalski

Bengalisch

Niemiecki

Deutsch

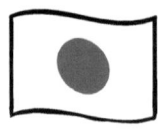

Japoński

Japanisch

ja
ich

ty
du

on / ona / ono
er / sie / es

my
wir

wy
ihr

oni
sie

kto?
wer?

co?
was?

jak?
wie?

gdzie?
wo?

kiedy?
wann?

Nazwisko
Name

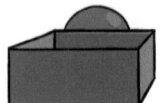

za

hinter

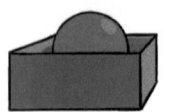

w

in

przed

vor

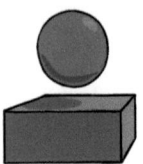

powyżej

über

na

auf

pod

unter

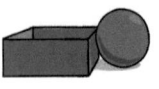

obok

neben

między

zwischen

Miejsce

der Ort